AF193626

Für

_____

Von

_____

No. 38

Schöner lesen!

MIX
Papier | Fördert
gute Waldnutzung
FSC® C144853

ISBN 978-3-649-64593-1
© 2023 Coppenrath Verlag GmbH & Co. KG
Hafenweg 30, 48155 Münster, Germany
Illustrationen: © 2023 Marjolein Bastin
Grafische Gestaltung: Daniela Lengers, Laer
Redaktion: Kreativlektorat Daniela Vogel, Finnentrop

www.coppenrath.de

STILLE NACHT, HEILIGE NACHT

Gedichte, Lieder und Gedanken

COPPENRATH

Nichts Nervenerfrischenderes weiß ich,
als in weißer Winterdämmerung
so dahinzuwandern im wirbelnden Geflocke.
Es ist Natur, die gleichsam vom Himmel fällt,
so still und so rein, wie es nichts Reineres
gibt auf Erden.

PETER ROSEGGER

Schneeflöckchen, Weißröckchen,

wann kommst du geschneit?
Du wohnst in den Wolken,
dein Weg ist so weit.

Komm, setz dich ans Fenster,
du lieblicher Stern,
malst Blumen und Blätter,
wir haben dich gern.

Schneeflöckchen, du deckst uns
die Blümelein zu,
dann schlafen sie sicher
in himmlischer Ruh.

NACH HEDWIG HABERKERN

WINTERANDACHT

Da glänzt in die schneeige Winternacht
der Mond, verklärend und kalt;
es glitzert in funkelnder Silberpracht
der Reif an den Bäumen im Wald.
O Welt, wie bist du so schön!

Es spiegelt sich zitternd der Zauberschein
im blankgefrorenen See;
es blinken die ewigen Sternelein,
die fernen, in lockender Näh.
O Welt, wie bist du so schön!

Es gleitet des Mondes Schattenstreif
dahin über Dorf und Wald
und lieblich erklingend durch Schnee und Reif
ein silbernes Glöckchen erschallt:
O Welt, wie bist du so schön!

MAURICE REINHOLD VON STERN

... UND EINE KURZE
ZEITENSPANNE
RUHT DIE WEITE ERDE,
UND DAS FLÜSTERN
SCHWEIGT.

HUGO MARTI

NEUSCHNEE

Flockenflaum zum ersten Mal zu prägen
mit des Schuhs geheimnisvoller Spur,
einen ersten schmalen Pfad zu schrägen
durch des Schneefelds jungfräuliche Flur –

kindisch ist und köstlich solch Beginnen,
wenn der Wald dir um die Stirne rauscht
oder mit bestrahlten Gletscherzinnen
deine Seele leuchtende Grüße tauscht.

CHRISTIAN MORGENSTERN

Leise rieselt der Schnee

Lei - se rie - selt der Schnee,

still und starr ruht der See,

weih - nacht - lich glän - zet der Wald:

Freu - e dich, Christ - kind kommt bald!

In den Herzen ist's warm,
still schweigt Kummer und Harm,
Sorge des Lebens verhallt:
Freue dich, Christkind kommt bald.

Die Kindlein sitzen im Zimmer
– Weihnachten ist nicht mehr weit –
bei traulichem Lampenschimmer
und jubeln:

„Es schneit, es schneit!"

KARL GEROK

WEIHNACHTEN

Weißer Flöckchen Schwebefall,
stille Klarheit überall,
Glockenklang und Schellenklingen,
Mäulchen, die vom Christkind singen,
Flammen, die von grünen Zweigen
gläubig, strahlend aufwärts steigen,
und im tiefsten Herzen drinnen
ein Erinnern, ein Besinnen ...

Neige dich, mein Herz, und bete,
dass das Christkind zu dir trete,
auch in deiner Schwachheit Gründen
eine Flamme zu entzünden,
die das Ringen deiner Tage
gläubig strahlend aufwärts trage.

ANNA RITTER

O Tannenbaum,

o Tannenbaum,
wie treu sind deine Blätter.
Du grünst nicht nur zur Sommerzeit,
nein auch im Winter, wenn es schneit.
O Tannenbaum, o Tannenbaum,
wie grün sind deine Blätter!

O Tannenbaum, o Tannenbaum,
du kannst mir sehr gefallen!
Wie oft hat schon zur Winterszeit
ein Baum von dir mich hoch erfreut!
O Tannenbaum, o Tannenbaum,
du kannst mir sehr gefallen!

ERNST ANSCHÜTZ

O glücklicher Kreis
im festlichen Raum!
O goldne Lichter
am Weihnachtsbaum!
O fröhliche Zeit!
O seliger Traum!

PETER CORNELIUS

Am Weihnachtsbaume

Am Weih-nachts - baume die Lich-ter
bren - nen, wie glänzt er fest - lich, lieb und
mild, als spräch er: Wollt in mir er-
ken-nen ge-treu-er Hoff-nung stil-les Bild!

Die Kinder stehen mit hellen Blicken,
das Auge lacht, es lacht das Herz,
o fröhlich seliges Entzücken!
Die Alten schauen himmelwärts.

Zwei Engel sind hereingetreten,
kein Auge hat sie kommen sehn,
sie gehn zum Weihnachtstisch und beten
und wenden wieder sich und gehen.

„Zu guten Menschen, die sich lieben,
schickt uns der Herr als Boten aus,
und seid ihr treu und fromm geblieben,
wir treten wieder in dies Haus!" –

Kein Ohr hat ihren Spruch vernommen,
unsichtbar jedes Menschen Blick
sind sie gegangen wie gekommen,
doch Gottes Segen blieb zurück.

WEIHNACHTSBÄUME

Nun kommen die vielen Weihnachtsbäume
aus dem Wald in die Stadt herein.
Träumen sie ihre Waldesträume
weiter beim Laternenschein?

Könnten sie sprechen! Die holden Geschichten
von der Waldfrau, die Märchen webt,
was wir uns erst alles erdichten,
sie haben das alles wirklich erlebt.

Da stehn sie nun an den Straßen und schauen
wunderlich und fremd darein,
als ob sie der Zukunft nicht trauen,
es muss da was im Werke sein!

Freilich, wenn sie dann in den Stuben
im Schmuck der hellen Kerzen stehn
und den kleinen Mädchen und Buben
in die glänzenden Augen sehn,

dann ist ihnen auf einmal, als hätte
ihnen das alles schon mal geträumt,
als sie noch im Wurzelbette
den stillen Waldweg eingesäumt.

Dann stehen sie da, so still und selig,
als wäre ihr heimlichstes Wünschen erfüllt,
als hätte sich ihnen doch allmählich
ihres Lebens Sinn enthüllt;

als wären sie für Konfekt und Lichter
vorherbestimmt, und es müsste so sein.
Und ihre spitzen Nadelgesichter
blicken ganz verklärt darein.

GUSTAV FALKE

ADVENT UND

WEIHNACHTEN

SIND WIE EIN SCHLÜSSELLOCH,

DURCH DAS AUF UNSEREN

DUNKLEN ERDENWEG

EIN SCHEIN

AUS DER HEIMAT

FÄLLT.

FRIEDRICH VON BODELSCHWINGH

VERSE ZUM ADVENT

Noch ist Herbst nicht ganz entflohn,
aber als Knecht Ruprecht schon
kommt der Winter hergeschritten,
und alsbald aus Schnees Mitten
klingt des Schlittenglöckleins Ton.

Und was jüngst noch, fern und nah,
bunt auf uns herniedersah,
weiß sind Türme, Dächer, Zweige,
und das Jahr geht auf die Neige,
und das schönste Fest ist da.

Tag du der Geburt des Herrn,
heute bist du uns noch fern,
aber Tannen, Engel, Fahnen
lassen uns den Tag schon ahnen,
und wir sehen schon den Stern.

THEODOR FONTANE

DER VORABEND
DES WEIHNACHTSFESTES

Was ist's, das in den Tagen des Advents, wenn die Stürme des Dezembers unfreundlich wüten, und schaurig dunkle Wolken keinem Sonnenblick den Durchgang verstatten, dennoch die Gemüter der Menschen heiter stimmt und alle häuslichen Interessen in regerem Leben durcheinander treibt? Wo liegt der Grund der frohen Erwartung, die man nicht nur in den holdseligen Gesichtern der munteren Kinderschar abgezeichnet sieht, die sich auch in den Zügen älterer Personen, oft mit einer sanften Wehmut vermischt, so sichtbar zeigt? Und warum werfen die Lichter des Weihnachtsfestes einen so wohltätigen Schimmer auf die dunkle Erde, dass ihr Glanz die düsteren Schatten der Nächte durchdringt, die in diesem Teil des Jahres beinahe dem Tag nicht mehr zu weichen vermögen? Warum entzünden sie selbst in den zerrissenen Herzen die Flammen der Hoffnung und erneuerten Lebensfreude?

Beinahe alle Menschen fühlen sich in jenen Tagen, wo der Schimmer eines göttlichen Lichts dem armen, irrenden Geschlecht aufging, mehr als gewöhnlich erregt und still fröhlich; es ist ein heimliches Treiben und Walten überall, wo nicht der Jammer dieses Erdenlebens jede aufkeimende Blüte geknickt hat.

Selten nur ist irgendeiner so arm oder so ganz mit sich und dem Dasein zerfallen, dass er nicht die Einwirkung einer Epoche empfinden sollte, die gleichsam mit mystischem Schein das Herz und die Sinne umfängt; selten sind die, denen nicht wenigstens in diesem einen Moment des ganzen Jahres eine Regung der Freude gegeben ist, und deren matter Brust sich kein Laut des Frohsinns zu entwinden vermag. –

ANNA ROTHPLETZ

Fröhliche Weihnacht

„Fröh - li - che Weih - nacht ü - ber - all!"

tö - net durch die Lüf - te fro - her Schall.

Weih - nachts - ton, Weih - nachts - baum,

Weih - nachts - duft in je - dem Raum!

„Fröh - li - che Weih - nacht ü - ber - all!"

tö - net durch die Lü - fte fro - her Schall.

Darum alle stimmet
in den Jubelton,
denn es kommt das
Licht der Welt von des Vaters Thron.

Licht auf dunklem Wege,
unser Licht bist du;
denn du führst, die dir vertraun,
ein zu sel'ger Ruh.

Was wir andern taten,
sei getan für dich,
dass bekennen jeder muss,
Christkind kam für mich.

*H*örst auch du die leisen Stimmen
aus den bunten Kerzlein dringen?
Die vergessenen Gebete
aus den Tannenzweiglein singen?
Hörst auch du das schüchternfrohe,
helle Kinderlachen klingen?
Schaust auch du den stillen Engel
mit den reinen, weißen Schwingen? ...
Schaust auch du dich selber wieder
fern und fremd nur wie im Traume?
Grüßt auch dich mit Märchenaugen
deine Kindheit aus dem Baume? ...

ADA CHRISTEN

Nun bricht die Heil'ge Nacht herein
mit Glockenklang und
Kerzenschein,
und jedem grünen Tannenbaum
entstrahlt ein lichter Märchentraum.

Wie ziehst du still in meine Brust,
o wundersel'ge Weihnachtslust!
Vor meinen Blicken wird es weit –
und lächelnd winkt die Jugendzeit.

Sie naht mit leisem Feentritt, –
ach, alle Wonnen bringt sie mit;
des Lebens Sorge, Gram und Weh
versank in des Vergessens See.

O läutet, Glocken, läutet hell!
Verlöscht! ihr Kerzen, nicht zu schnell!
Im Osten blinkt der Morgenstern:
Sei mir gegrüßt, du Tag des Herrn!

FRIEDRICH DANNEMANN

WEIHNACHTSLIED

Seht! der jetzt hier vor euch steht,
ist ein Engel aus dem Himmel,
von den Sternen hergeweht,
ach, ins irdische Gewimmel.

Manches hab ich angeschaut,
ganz zuletzt die Weihnachtsbäume,
und darunter aufgebaut
tausend wachgewordne Träume.

Mit Knecht Ruprecht ging ich viel
vor den schönen Christkindtagen,
immer neu war unser Ziel,
seinen Rucksack half ich tragen.

Unsrer Gaben Fülle lag
fest verschlossen in Verstecken,
dass nicht vor dem Jesustag
Naseweischen sie entdecken.

Und nun trägt vom hellen Baum
jeder seinen Schatz in Händen,
und er lässt sich selbst im Traum
die Geschenke nicht entwenden.

Ganz besonders diesmal fand
Märchenbuch ich und Geschichten,
denn ich kam in jedes Land,
wo die Menschen alle dichten.

Bleibt ihr artig, kleine Schar,
wird Knecht Ruprecht an euch denken,
bringt euch auch im nächsten Jahr
einen Sack voll von Geschenken.

Und dann steht ihr wie im Traum.
Und noch einmal seht ihr wieder
Kerzenglanz und Tannenbaum
und hört alte Weihnachtslieder.

DETLEV VON LILIENCRON

Kling, Glöckchen

Kling, Glöck - chen, klin - ge - lin - ge - ling,

kling, Glöck - chen, kling! Lasst mich ein, ihr

Kin - der, ist so kalt der Win - ter,

öff - net mir die Tü - ren, lasst mich nicht er -

frie - ren. Kling, Glöck - chen,

klin - ge - lin - ge - ling, kling, Glöck - chen, kling!

Kling, Glöckchen, klingelingeling,
kling, Glöckchen, kling!
Mädchen, hört, und Bübchen,
macht mir auf das Stübchen!
Bring euch viele Gaben,
sollt euch dran erlaben.
Kling, Glöckchen, klingelingeling,
kling, Glöckchen, kling!

Kling, Glöckchen, klingelingeling,
kling, Glöckchen, kling!
Hell erglühn die Kerzen,
öffnet mir die Herzen!
Will drin wohnen fröhlich,
frommes Kind, wie selig.
Kling, Glöckchen, klingelingeling,
kling, Glöckchen, kling!

Ein freundliches Gesicht
ist ein zweites Geschenk.

Lieben ist Geben:
Gedanken geben, Herz geben.

Eine Umarmung
ist ein ideales Geschenk:
Die Größe passt jedem,
und niemand hat etwas dagegen,
wenn man es weitergibt.

DAS

GRÖSSTE GESCHENK

IST EIN STÜCK

VON DIR.

RALPH WALDO EMERSON

Das Schönste
am Schenken ist das
Leuchten in den Augen
des Beschenkten.

SPRICHWORT

Jedes Mal,
  wenn zwei Menschen einander verzeihen,
  ist Weihnachten.
Jedes Mal,
  wenn ihr Verständnis zeigt für eure Kinder,
  ist Weihnachten.
Jedes Mal,
  wenn ihr einem Menschen helft,
  ist Weihnachten.
Jedes Mal,
  wenn ein Kind geboren wird,
  ist Weihnachten.
Jedes Mal,
  wenn du versuchst, deinem Leben
  einen neuen Sinn zu geben,
  ist Weihnachten.
Jedes Mal,
  wenn ihr einander anseht
  mit den Augen des Herzens,
  mit einem Lächeln auf den Lippen,
  ist Weihnachten.

AUS BRASILIEN

O du fröhliche

O du fröh - li - che, o du se - li - ge, gna - den - brin - gen - de Weih - nachts - zeit! Welt ging ver - lo - ren, Christ ward ge - bo - ren: Freu - e, freu - e dich, o Chris - ten - heit!

O du fröhliche, o du selige,
gnadenbringende Weihnachtszeit!
Christ ist erschienen, uns zu versühnen:
Freue, freue dich, o Christenheit!

O du fröhliche, o du selige,
gnadenbringende Weihnachtszeit!
Himmlische Heere jauchzen dir Ehre:
Freue, freue dich, o Christenheit!

Weihnachten ist keine Jahreszeit, es ist ein Gefühl.

EDNA FERBER

ES RIECHT NACH WEIHNACHTEN

Den Weihnachtsbaum durften die großen Knaben selbst putzen. Frau Leuschner stand zwar im Zimmer und gab acht, doch Hermann sorgte dafür, dass nichts von den Süßigkeiten, die an die Zweige gehängt werden sollten, in die Mägen kam. Und da er ein strenger Aufpasser war, wagten weder Jürgen noch Stefan sein Verbot zu übertreten.

Am Mittag des vierundzwanzigsten Dezembers zeigten die Kinder den Eltern mit Stolz den geschmückten Baum.

„Das habt ihr gut gemacht", lobte der Vater.

Wieder erbot sich dann der gutherzige Forstrat Schmeling, am Nachmittag des vierundzwanzigsten Dezembers die Kinder für zwei bis drei Stunden zu sich zu nehmen. Doch übereinstimmend lehnte die kleine Schar ab. Sie wollten daheimbleiben.

„Ich muss das Rumoren hören", sagte Jürgen. „Die Mutti flitzt von einer Stube in die andere. Im Weihnachtszimmer riecht es gar so schön nach

Tannenbaum, in der Küche nach Kuchen und Pfefferkuchen. – Na, es riecht überall bei uns nach Weihnachten. Beim Onkel Forstrat riecht es lange nicht so schön."

MAGDA TROTT

Die Nacht vor dem Heiligen Abend,
da liegen die Kinder im Traum.
Sie träumen von schönen Sachen
und von dem

Weihnachtsbaum.

ROBERT REINICK

WENN EINER DEM ANDEREN

LIEBE SCHENKT,

WENN DIE NOT

DES UNGLÜCKLICHEN

GEMILDERT WIRD,

WENN HERZEN ZUFRIEDEN

UND GLÜCKLICH SIND –

DANN IST WEIHNACHTEN.

AUS HAITI

Alle Jahre wieder

Al - le Jah - re wie - der
kommt das Chris - tus - kind
auf die Er - de nie - der,
wo wir Men - schen sind.

Kehrt mit seinem Segen
ein in jedes Haus,
geht auf allen Wegen
mit uns ein und aus.

Steht auch mir zur Seite
still und unerkannt,
dass es treu mich leite
an der lieben Hand.

ERINNERUNGEN

Wir kauften einen schöngewachsenen, stattlichen Tannenbaum, stellten ihn im unteren Saal auf und beschlossen, ihn mit buntem Zuckerzeug und vielen farbigen Kerzen aufzuputzen, wie wir es als Kinder am liebsten gehabt hatten, kauften alles das zusammen ein und waren so vergnügt dabei wie junge Eheleute, die zum ersten Mal einen Baum für ihre Kinder machen. Wir richteten alles auf's Behaglichste ein, legten das Zuckerzeug und eine Menge goldiger und silberner Glaskugeln in einen großen Korb und setzten ihn am Vorabend des Weihnachtstages, nachdem wir gegessen hatten, auf den Tisch.

Der Urgroßvater war mit diesem Beginnen sehr einverstanden und ging auf alle unsere Wünsche ein, blieb bei uns sitzen und ließ sich von uns necken, weil er nicht ein einziges Stück kunstgerecht am Faden zu befestigen wusste, während wir in derselben Zeit deren zehn fertig hatten, und erzählte uns dabei aus seiner Jugend, wozu er ein liebenswürdiges Talent besaß, sodass man alles hätte niederschreiben mögen, damit es aufbehalten bleibe. Er erzählte auch allerhand Stücklein, die wir in unserer Kinderzeit verübt hatten, oder lustige und ernste Dinge von unseren Eltern und deren Eltern, und zwischen hinein flocht er feine, sinnige Betrachtungen wie Arabesken und Vignetten zwischen den einzelnen Kapiteln einer alten Chronik. Nachdem er zu Bett gegangen war, blieben wir noch sitzen, bis alles gerichtet war, dass wir am Morgen den Baum nur mit den bunten Sachen zu schmücken brauchten.

RICARDA HUCH

Die Geburt Jesu
in Bethlehem ist keine
einmalige Geschichte,
sondern ein Geschenk,
das ewig bleibt.

MARTIN LUTHER

DAS IST WEIHNACHTEN BEWAHREN.

Ich beschließe zu vergessen,
was ich für andere getan habe,
und will mich daran erinnern,
was andere für mich taten;
ich will übersehen,
was die Welt mir schuldet,
und daran denken,
was ich der Welt schulde.

Ich will erkennen,
dass meine Mitmenschen genauso
wirkliche Wesen sind wie ich,
und will versuchen,
hinter ihren Gesichtern
ihre Herzen zu sehn,
die nach Freude und Frieden hungern.
Und mich nach einem Platz umsehen,
wo ich ein paar Saaten Glücklichsein säen kann.

HENRY VAN DYKE

Das erste *Weihnachtsfest* unter dem eigenen Dach stand ihm bevor. Er bewahrte schon in seinem Schreibtisch das zierliche Meißener Besteck, das er seiner jungen Frau zugedacht hatte, die feinen Spitzen, die er von einer Reise aus Belgien mitgebracht, und einen Satz schöngeformter Kämme aus bernsteinblondem Schildpatt für ihr Haar. Die Welt schien ihm auf das Freundlichste verwandelt.

Als er nun das Haus verließ, warf ihm Karoline eine Kusshand nach, und er winkte ihr munter zurück, ehe er seinen Weg durch den Wald einschlug.

Bei diesem Gang durch die winterlichen Buchen musizierte in ihm die Vorfreude auf das Fest; das Glück war ihm Gegenwart, und der Glanz der Weihnachtslichter machte ihn himmelsgläubig wie einst den Knaben.

ALFONS PAQUET

DER FRIEDE

UND DIE FREUDE

DER WEIHNACHT

MÖGEN DIR BLEIBEN

ALS SEGEN

IM GANZEN

KOMMENDEN JAHR.

IRISCHER SEGENSWUNSCH

Stille Nacht

Stil - le Nacht, Hei - li - ge Nacht!

Al - les schläft, ein - sam wacht

nur das trau - te hoch - hei - li - ge Paar.

Hol - der Kna - be im lo - cki - gen Haar,

schlaf in himm - li - scher Ruh,

schlaf in himm - li - scher Ruh!

Stille Nacht, Heilige Nacht!
Gottes Sohn, o wie lacht
Lieb aus deinem göttlichen Mund,
da uns schlägt die rettende Stund:
Christ, in deiner Geburt,
Christ, in deiner Geburt!

Stille Nacht, Heilige Nacht!
Hirten erst kundgemacht,
durch der Engel Halleluja
tönt es laut von fern und nah:
Christ, der Retter, ist da,
Christ, der Retter, ist da!

Süßer die Glocken nie klingen
als zu der

Weihnachtszeit.